竞技武术套路动作库

国家体育总局武术运动管理中心 审定

# 太极剑

人民体育出版社

**图书在版编目（CIP）数据**

太极剑 / 国家体育总局武术运动管理中心审定. -- 北京：人民体育出版社，2023（2025.2重印）
（竞技武术套路动作库）
ISBN 978-7-5009-6333-2

Ⅰ.①太… Ⅱ.①国… Ⅲ.①剑术(武术)－套路(武术)－中国 Ⅳ.①G852.241.9

中国国家版本馆CIP数据核字(2023)第120246号

\*

人民体育出版社出版发行
天津中印联印务有限公司印刷
新 华 书 店 经 销

\*

710×1000　16开本　8.75印张　111千字
2023年9月第1版　2025年2月第2次印刷
印数：3,001—4,500册

\*

ISBN 978-7-5009-6333-2
定价：36.00元

社址：北京市东城区体育馆路8号（天坛公园东门）
电话：67151482（发行部）　　邮编：100061
传真：67151483　　　　　　　邮购：67118491
网址：www.psphpress.com

（购买本社图书，如遇有缺损页可与邮购部联系）

# 编委会

**主　　任**　陈恩堂

**副 主 任**　徐翔鸿　杨战旗　陈　冲

**总 主 编**　陈恩堂

**副总主编**　樊　义　李英奎

**主编**

王晓娜（长拳）　　　　　王　怡　刘海波（刀术）
范燕美　冯静坤（剑术）　崔景辉　于宏举（棍术）
解乒乓　张继东（枪术）　李朝旭　黄建刚（南拳）
魏丹彤（南刀）　　　　　黄建刚　李朝旭（南棍）
李　强　周　斌（太极拳）吴雅楠　吕福祥（太极剑）

**编委**（以姓氏笔画为序）

| | | | | |
|---|---|---|---|---|
| 于宏举 | 马　群 | 王二平 | 王世龙 | 王　怡 |
| 王晓娜 | 王　菊 | 方　坚 | 田　勇 | 冉千鑫 |
| 代流通 | 冯宏芳 | 冯静坤 | 匡　芬 | 吕福祥 |
| 刘志华 | 刘思伊 | 刘海波 | 孙新锋 | 李有华 |
| 李英奎 | 李艳君 | 李淑红 | 李朝旭 | 李　强 |
| 杨战旗 | 吴杰龙 | 吴贤举 | 吴雅楠 | 何　强 |
| 沈剑英 | 宋　林 | 张继东 | 陈　冲 | 陈恩堂 |
| 陈燕萍 | 范燕美 | 金肖冰 | 周　斌 | 房莹莹 |
| 赵　勇 | 袁新东 | 徐卫伟 | 徐翔鸿 | 黄建刚 |
| 曹　政 | 崔景辉 | 梁国德 | 童　昊 | 虞泽民 |
| 解乒乓 | 樊　义 | 魏丹彤 | | |

**动作示范**（以姓氏笔画为序）

| | | | | |
|---|---|---|---|---|
| 王子文 | 巨文馨 | 吕泰东 | 刘忠鑫 | 汤　露 |
| 孙培原 | 杜洪杰 | 李剑鸣 | 杨顺洪 | 张雅玲 |
| 张　黎 | 陈洲理 | 查苏生 | 姚　洋 | 常志昭 |
| 梁永达 | 童　心 | | | |

# 为武术更加灿烂的明天
## ——总结经典 传承经典 创造经典

陈恩堂

竞技武术套路动作库从立项到推出，历时3年有余，历经艰辛探究，今日终于得以付梓，令人欣喜万分。我谨代表国家体育总局武术运动管理中心、武术研究院、中国武术协会，对竞技武术套路动作库出版成书表示热烈的祝贺！

中华武术源远流长，博大精深，是中华民族优秀传统文化的瑰宝。古往今来，在武术发展的历史长河中，产生了许多独具特色的拳种流派，涌现了许多身怀绝技的武林高手，流传着许多让人津津乐道的传奇故事。历代的武术先辈们给我们留下了丰厚的武术遗产。作为新时代的武术人，把这份丰厚的武术遗产继承好、发展好，是我们义不容辞的责任。

把武术先辈们留下的丰厚武术遗产继承好、发展好，首先就是要对其进行系统地总结，在总结的基础上加以传承，在传承的过程中进行创新。竞技武术套路动作库，正是遵循这样的思路，总结经典，传承经典，创造经典。

——总结经典。竞技武术套路动作库，当前共收录具有源流和传统名称的武术经典动作1941式，分为长拳、刀术、棍术、剑术、枪术、南拳、南刀、南棍、太极拳、太极剑共10个子库，如字典汇编，毫分缕析，系统总结了长拳、南拳、太极拳三大拳种的经典动作，规范了技术方法，确定了技术标准，突出武术技击本质，展示武术攻防内涵。每一个经典动作都有源流出处，都具有传统名称，不仅符合人民群众对武术古往今来的认知，更是彰显了中华传统文化符号的经典魅力，充分体现了中华文化自信。

——传承经典。竞技武术套路动作库，通过总结经典，实现武术经典动作的标准化和规范化，本身就是对武术历史经典的传承。这些标准化、规范化的经典动作，既可供武术专业运动员在比赛中选用，让运动员的整套动作演练更具可比性，更加符合现代奥林匹克运动的特征，同时，也适合广大武术爱好者尤其是青少年朋友学习掌握，将专业和业余打通，普及和提高一体。通过竞技武术套路动作库，每一个武术习练者、爱好者都会成为武术经典的传承者，武术文化的传播者。

——创造经典。竞技武术套路动作库，不仅是在总结经典、传承经典，也在创造经典。人民群众有无限的创造力。人民群众在历史上创造了武术的经典，今后也必将继续创造武术新的经典。当前收录的1941个武术经典动作只是动作库的首期工程，今后每年都会更新，进行动态调整。创新动作经过中国武术协会审定通过后，将会成为竞技武术套路动作库的一部分，这充分体现了对中华优秀传统文化的创造性转化、创新性发展。

竞技武术套路动作库的推出，是武术运动科学化、标准化的又一重要标志，是武术运动发展史上具有里程碑意义的大事，凝结了全体武术人的智慧和汗水。在此，我谨以国家体育总局武术运动管理中心、武术研究院、中国武术协会的名义，向所有为竞技武术套路动作库付出不懈努力的武术前辈、专家、运动员、教练员、裁判员和工作人员们表示衷心的感谢！向所有关心支持武术事业改革发展的各界人士表示衷心的感谢！

国运兴则体育兴，国运兴则武术兴。在中华民族伟大复兴的新征程上，作为中华民族传统体育项目和优秀传统文化的代表，武术必将在体育强国、文化强国和健康中国建设中发挥着独特作用。竞技武术套路动作库，是武术发展的新的起点，为武术在更高水平的传承和繁荣开辟了新的道路，为武术进一步现代化、国际化奠定了重要基础，为武术走向奥林匹克大舞台迈出了坚实步伐。我们相信，以此作为新的起点，通过全体武术人的团结奋斗，武术的魅力将更加显现，武术的未来将更加美好！

2023年7月1日

（作者为国家体育总局武术运动管理中心主任、党委书记，国家体育总局武术研究院院长，中国武术协会主席）

# CONTENTS / 目录

## 1 步型 / 1

1.1 弓步 / 1
1.2 马步 / 47
1.3 仆步 / 48
1.4 虚步 / 52
1.5 歇步 / 70
1.6 独立步 / 74
1.7 偏马步 / 92
1.8 平行步 / 94
1.9 丁步 / 99
1.10 并步 / 102

## 2 步法 / 105

2.1 进步 / 105
2.2 退步 / 107
2.3 上步 / 109
2.4 行步 / 111
2.5 盖步 / 112
2.6 跳踏步 / 113
2.7 转身 / 115

## 3 腿法 / 116

3.1 直摆 / 116
3.2 屈伸 / 117
3.3 其他 / 122

## 4 平衡 / 123

## 5 跳跃 / 126

5.1 直体 / 126
5.2 垂转 / 128

# 1 步型

## 1.1 弓步

弓步 001
传统术语：青龙出水（陈式）。
现代术语：弓步平刺。
源流：陈式四十九式太极剑第四式、第七式。
技法：刺。

**动作过程：**（1）重心移至右腿，左脚向左前方上步；同时，右手持剑由右经左回抽至右肋前，手心向上，剑尖向左；左手剑指轻附于剑把上，双手手心相对；目视剑尖方向。

（2）身体微左转，重心移至左腿成左弓步；同时，右手持剑向前平刺，剑尖与胸同高，手心向上；左手剑指经身体前方举至左额上方，手心向上，指尖向右；目视剑尖方向。

**动作要点：**手臂与剑呈一直线；力达剑尖。

弓步 002

传统术语：饿虎扑食（陈式）。

现代术语：弓步平刺。

源流：陈式四十九式太极剑第十七式。

技法：刺。

动作过程：（1）重心移至右腿，左脚向左前方上步；同时，双手持剑平抱于腹前，剑尖向前，手心均向上；目视前方。

（2）身体微左转，重心移至左腿成左弓步；同时，双手持剑向前平刺，剑尖与胸同高，手心向上；目视前方。

动作要点：弓步与平刺协调一致；力达剑尖。

弓步003

传统术语：韦陀献杵（陈式）。

现代术语：弓步平刺。

源流：陈式四十九式太极剑第四十七式。

技法：刺。

**动作过程：**（1）身体左转，左脚尖微外展；同时，右手持剑收至右腰间，剑尖向左前方，手心向上；左手剑指与右肩平；目视左前方。

（2）重心移至左腿，右脚向左前方上步成右弓步，随上步身体左转；同时，右手持剑向前平刺，手心向上；左手剑指回抽至左腰间，手心向上；目视剑尖。

**动作要点：**上步、转身刺剑协调一致；力达剑尖。

弓步 004

传统术语：青龙转身（陈式）。

现代术语：弓步平刺。

源流：陈式四十九式太极剑第九式。

技法：刺。

**动作过程：**（1）重心移至左腿，身体左转，右腿屈膝提起；同时，右手持剑收于右腹前，手心向上，剑尖向前；左手剑指向下由左腰间摆至左前方，手心向上；目视左前方。

（2）右脚向前震脚落地，左脚向前上步，随即右腿发力蹬脚转腰成左弓步；同时，右手持剑向左前方平刺，手心向上，剑尖向前；左手剑指收于左腰间；目视剑尖方向。

**动作要点：**提右脚向前迈步时可做跳步；刺剑与蹬脚转腰协调一致；力达剑尖。

弓步 005

传统术语：野马跳涧（陈式）。

现代术语：弓步平刺。

源流：陈式四十九式太极剑第二十式。

技法：刺。

**动作过程：**（1）右腿提膝成左独立步；同时，右手持剑与左手合抱于腹前，剑尖向前，手心均向上；目视前方。

（2）右脚向前上步，随即左脚、右脚依次向前跳步成右弓步；同时，双手持剑向前平刺，剑尖向前，剑与胸同高，手心均向上；目视前方。

**动作要点：**跳跃步轻灵，动作连贯；弓步与刺剑协调一致；力达剑尖。

弓步 006

传统术语：罗汉降龙（陈式）。

现代术语：弓步反刺。

源流：陈式四十九式太极剑第二十四式。

技法：刺。

**动作过程**：重心移至右腿，上体左转，左脚向前上步成左弓步；同时，右手持剑由右向左斜下方反刺，手腕与头同高，剑尖与肩同高；左手作为支点撑于右腕内侧；目视剑尖方向。

**动作要点**：反刺剑与弓步协调一致；力达剑尖。

弓步 007

传统术语：哪吒探海（陈式）。

现代术语：弓步下刺。

源流：陈式四十九式太极剑第四十五式。

技法：刺。

**动作过程**：（1）右腿提膝成左独立步；同时，右手持剑与左手合抱于腹前，剑尖向前，手心均向上；目视前方。

（2）右脚向前上步，随即左脚、右脚依次向前跳步成右弓步；同时，双手持剑向前下方平刺，手腕与腰同高；目视刺剑方向。

**动作要点**：跳跃步轻灵，动作连贯；弓步与刺剑协调一致；力达剑尖。

弓步 008

**传统术语**：上下斜刺（陈式）。

**现代术语**：弓步上下斜刺。

**源流**：陈式四十九式太极剑第四十三式。

**技法**：刺。

**动作过程**：（1）重心移至右腿，身体右转；同时，右手持剑由身体左侧向右反手撩剑，剑尖向左下方，手心向外；左手剑指附于右腕内侧；目视剑尖方向。

（2）重心移至左腿，右脚收至左脚内侧；同时，双手持剑合于腹前，剑尖向右前上方；目视右前方。

（3）右脚上踢，左脚跳步，落地后成右弓步；双手持剑向右上方刺剑；目视刺剑方向。

（4）身体左转，重心保持在右腿；双手持剑向左下方摆至右胸前；目随剑转视左下方。

（5）身体微左转，重心移至左腿成左弓步；同时，双手持剑随重心移动向左下方刺剑；目视刺剑方向。

**动作要点**：刺剑与重心转换协调一致；力达剑尖。

弓步 009

传统术语：燕子啄泥（陈式）。

现代术语：弓步点剑。

源流：陈式四十九式太极剑第二十六式。

技法：点。

**动作过程**：（1）右手持剑，左手剑指，双手经体前向两侧打开，与肩同高，剑尖向右，手心向上，剑指向左；目视前方。

（2）重心移至左腿，右脚向前上步；同时，双手由身体两侧合于两耳旁，手肘向下，剑尖向后，手心均向内；目随剑转视前方。

（3）重心移至右腿成右弓步；同时，右手持剑向前点剑，手腕与肩同高；左手剑指附于右腕处；目视剑尖方向。

**动作要点**：右手持剑立剑提腕点击；力达剑峰。

弓步 010

传统术语：展翅点头（陈式）。

现代术语：弓步点剑。

源流：陈式四十九式太极剑第十一式。

技法：撩、点。

**动作过程**：（1）重心移至左腿，右脚向右开步；同时，右手持剑向上架于额前，剑尖向右；左手剑指始终附于右腕处，手心向外，指尖向右；目视双手。

（2）重心右移，左脚向右腿后插步成右歇步，身体微左倾；同时，右手持剑由左经下向右上方反撩剑；左手剑指向左外撑，与肩同高；目视撩剑方向。

（3）重心移至左腿，右脚向右开步；同时，右手持剑经下向左挂剑至左胯前，剑尖向左；左手剑指附于右腕处，手心向下；目视双手。

（4）身体微右转，重心移至右腿成右弓步；同时，双手持剑由左向上挂剑，剑与胸同高时向右下方点剑；目视点剑方向。

**动作要点**：歇步与撩剑协调一致，力达剑身前部；弓步与点剑协调一致，力达剑锋。

弓步011

传统术语：黑熊翻背（陈式）。

现代术语：弓步劈剑。

源流：陈式四十九式太极剑第二十五式。

技法：劈。

动作过程：（1）左脚内扣，身体转向右后方，右腿提膝成左独立步；同时，双手持剑由下向上摆至左肩上方，剑尖向后，略低于剑把；目视转身方向。

（2）右脚向前震脚发力成右弓步；同时，双手持剑向前下方发力劈剑，手腕与腰同高；目视劈剑方向。

动作要点：弓步发力与劈剑协调一致；力达剑身。

弓步 012

**传统术语**：翻身下劈剑（陈式）。

**现代术语**：弓步劈剑。

**源流**：陈式四十九式太极剑第八式。

**技法**：劈。

**动作过程**：（1）重心移至左腿，左脚内扣，右腿提膝成左独立步；同时，右手持剑向上翻架；左手剑指附于右前臂内侧，随翻架向下撑按至腹前；目视前方。

（2）右脚向右震脚发力成右弓步；同时，右手持剑向右下方发力劈剑；左手剑指向左上方撑架，手心向外；目视劈剑方向。

**动作要点**：提膝与架剑协调一致；震脚与劈剑协调一致；力达剑身。

弓步013

传统术语：怪蟒翻身（陈式）。

现代术语：弓步劈剑。

源流：陈式四十九式太极剑第四十六式。

技法：劈。

动作过程：右脚以脚跟为轴向右外展，重心移至右腿，随即以右脚脚前掌为轴踮转，左脚快速向前上步，向右转身180°成右弓步；同时，右手持剑由下向前、向上撩剑，与头同高时向右下方发力劈剑，止于右膝上方；左手剑指附于右前臂内侧，发力劈剑时向左上方撑架，与头同高，手心斜向上；目视劈剑方向。

动作要点：转身上左步与劈剑协调一致；力达剑身。

弓步 014

传统术语：左托千斤（陈式）。

现代术语：弓步横推。

源流：陈式四十九式太极剑第三十八式。

技法：推。

**动作过程**：（1）重心左移，右腿屈膝提起；同时，双手持剑平举至与胸同高，剑尖向右；目视前方。

（2）右脚震脚发力，随即左脚向前上步成左弓步；同时，双手持剑经腹前提至与胸同高后向前平推，剑尖向右；目视推剑方向。

**动作要点**：双手推剑与蹬腿转腰协调一致；力达剑身中部。

弓步 015

传统术语：右托千斤（陈式）。

现代术语：弓步横推。

源流：陈式四十九式太极剑第三十九式。

技法：推。

**动作过程**：（1）重心右移，左腿屈膝提起；同时，双手持剑平收于胸前，剑尖向左；目视右前方。

（2）左脚震脚发力，随即右脚向前上步成右弓步；同时，双手持剑向前平推，与胸同高，剑尖向左；目视推剑方向。

**动作要点**：双手推剑与蹬腿转腰协调一致；力达剑身中部。

弓步 016

**传统术语**：白猿献果（陈式）。

**现代术语**：弓步平斩。

**源流**：陈式四十九式太极剑第四十一式。

**技法**：斩。

**动作过程**：（1）起始为右弓步。重心移至左腿，身体后仰；同时，右手持剑，左手剑指，双手同时由体前随身体后仰经面前向身体两侧云抹。

（2）重心移至右腿成右弓步，身体前倾；同时，双手由身体两侧向前合抱，左手剑指变掌，剑尖斜向下，手心均向上；目随剑转视剑尖方向。

**动作要点**：后仰云抹、前倾合抱协调一致；力达剑身中部。

弓步 017

传统术语：青龙出水（杨式）。

现代术语：弓步上刺。

源流：杨式六十七式太极剑第二十三式。

技法：刺。

动作过程：（1）右脚向右前方上步，身体右转，重心移至右腿；同时，右手持剑由左向右带剑，收至右腰间，手心向下；左手剑指附于右腕内侧；目视右手。
（2）左脚向左前方上步成左弓步；右手持剑向左上方刺出，手心向上；左手剑指架于左额斜上方，手心斜向上；目视刺剑方向。

动作要点：以腰带剑，向斜上方刺出；力达剑尖。

弓步 018
传统术语：燕子入巢（杨式）。
现代术语：弓步下刺。
源流：杨式六十七式太极剑第九式。
技法：刺。

**动作过程：**（1）左脚向右后方撤步；右手持剑，左手剑指，双手撑于两胯旁，剑尖向前，手心向下；目视前方。

（2）右脚内扣，身体向左转体180°，随即重心移至右腿，左腿提膝成右独立步；双手保持不变，略向外撑；目随身转。

（3）左脚向左前方上半步成左弓步；同时，双手分别收于两侧腰间，随即右手持剑向左斜下方刺出，左手剑指附于右前臂处；目视刺剑方向。

**动作要点：**重心移动平稳；力达剑尖。

弓步 019

传统术语：海底捞月（杨式）。

现代术语：弓步撩剑。

源流：杨式六十七式太极剑第四十二式。

技法：撩。

**动作过程**：重心移至左腿，右脚向左前方上步成右弓步；同时，右手持剑向前撩击；左手剑指向外推出，与肩同高，手心向外；目视撩剑方向。

**动作要点**：剑贴右腿外侧撩出；力达剑身前部。

弓步 020

传统术语：流星赶月（杨式）。

现代术语：弓步劈剑。

源流：杨式六十七式太极剑第三十五式。

技法：劈。

**动作过程**：重心移至左腿，右脚向前上步成右弓步；同时，右手持剑由上向下劈剑，剑身与手臂呈一条直线；左手剑指架于左额斜上方，手心斜向上；目视劈剑方向。

**动作要点**：力达剑身。

弓步 021

传统术语：右拦扫（杨式）。

现代术语：弓步抹剑。

源流：杨式六十七式太极剑第六式。

技法：抹。

**动作过程**：重心移至左腿，右脚向右前方上步成右弓步；同时，右手持剑由左向右平抹；左手剑指附于右腕内侧；目视抹剑方向。

**动作要点**：抹剑时以腰带剑；力达剑身。

弓步 022

传统术语：左拦扫（杨式）。

现代术语：弓步抹剑。

源流：杨式六十七式太极剑第七式。

技法：抹。

**动作过程**：重心移至右腿，左脚向左前方上步成左弓步；同时，右手持剑由右向左平抹剑；左手剑指向左上架，手心向外；目视抹剑方向。

**动作要点**：抹剑时以腰带剑；力达剑身。

弓步 023

传统术语：顺水推舟（杨式）。

现代术语：弓步推剑。

源流：杨式六十七式太极剑第三十四式。

技法：推。

**动作过程**：（1）重心右移，左脚收于右脚内侧；右手持剑立剑于身体右侧，剑尖向上；左手剑指附于右腕内侧；目视右手。

（2）左脚向左前方上步成左弓步；右手持剑与头同高，随重心转移向左斜下方推剑；左手剑指附于右腕外侧；目视推剑方向。

**动作要点**：力达剑身中部。

弓步 024

传统术语：凤凰右展翅（杨式）。

现代术语：弓步削剑。

源流：杨式六十七式太极剑第十三式。

技法：削。

**动作过程**：重心移至左腿，右脚向右前方上步成右弓步；右手持剑由左下方向右上方削剑；左手剑指向左下方外展，手心向下；目视削剑方向。

**动作要点**：力达剑身前部。

弓步 025

传统术语：风卷荷叶（杨式）。

现代术语：弓步带剑。

源流：杨式六十七式太极剑第二十四式。

技法：带。

**动作过程**：（1）右手持剑手心向上由左向右平抹；左手剑指向左外撑，手心向外；目随剑动。

（2）重心移至左腿，右脚向左脚靠拢，随即向右前方上步，身体左转；同时，右手持剑随转体在面前云剑，停于左肩前，剑尖向左，手心向下；左手剑指附于右腕内侧；目随剑动。

（3）重心移至右腿成右弓步；右手持剑由左向右平带剑，剑与胸同高，手心向下；左手剑指仍附于右腕内侧；目视带剑方向。

**动作要点**：剑由左向右带至胸前；力达剑身中部。

弓步 026

**传统术语**：犀牛望月（杨式）。

**现代术语**：弓步回抽。

**源流**：杨式六十七式太极剑第四十四式。

**技法**：抽。

**动作过程**：左脚向左前方上步成左弓步；同时，右手持剑向左回抽，停于左额前方，手心向内；左手剑指附于右腕内侧；目视剑尖方向。

**动作要点**：拧腰回抽；力达肘尖。

弓步 027

传统术语：顺水推舟（吴式）。

现代术语：弓步反刺。

源流：吴式六十四式太极剑第二十一式。

技法：刺。

**动作过程**：重心移至左腿，右脚向前上步成右弓步；同时，右手持剑向正前方反手刺出，剑与肩同高；左手剑指向左后平伸；目视刺剑方向。

**动作要点**：上步与刺剑协调一致；力达剑尖。

弓步 028

传统术语：单鞭索喉（吴式）。

现代术语：弓步反刺。

源流：吴式六十四式太极剑第十七式。

技法：刺。

**动作过程：**（1）重心移至左腿，右腿提膝成左独立步；同时，右手持剑由右向上反手抽架，剑尖向右；左手剑指由左向上撑于右腕内侧；目视剑尖方向。

（2）右脚向右前方上步成右弓步；同时，右手持剑向右反手刺剑，剑身略高于肩；左手剑指向身体斜后方伸出，手心向上；目视刺剑方向。

**动作要点：** 力达剑尖。

弓步 029

传统术语：猿猴舒臂（吴式）。

现代术语：弓步上刺。

源流：吴式六十四式太极剑第十五式。

技法：刺。

**动作过程**：（1）右脚向前点地成右虚步；同时，右手持剑向前下刺，手心向下；左手剑指附于右腕处；目视刺剑方向。

（2）重心移至右腿，身体右转，屈膝下蹲成右歇步；右手持剑向右额上方架剑；左手剑指附于右腕处，手心向外；目视前方。

（3）左脚向前上步成左弓步；同时，右手持剑向前上方斜刺，手心向外；左手剑指附于右腕处；目视刺剑方向。

**动作要点**：力达剑尖。

弓步 030

传统术语：玉女投针（吴式）。

现代术语：弓步下刺。

源流：吴式六十四式太极剑第二十五式。

技法：刺。

**动作过程**：（1）左脚撤步，重心后移；同时，右手持剑向身体左侧抽剑于左肋前；左手剑指落于左腰间；目视剑尖方向。

（2）右脚脚尖外展，重心移至右腿；同时，右手持剑向右后方翻转外拨，收于右腰间，剑尖斜向下，手心向上；左手剑指落于右膝前，指尖向右，手心向下；目视前下方。

（3）左脚向前上步成左弓步；同时，右手持剑向前下方刺出；左手剑指上架于左额斜上方，手心斜向上；目视刺剑方向。

**动作要点**：左右拨剑时剑法清晰；刺剑力达剑尖。

弓步 031

传统术语：劈山夺剑（吴式）。

现代术语：弓步劈剑。

源流：吴式六十四式太极剑第十式。

技法：劈。

动作过程：（1）右脚向前点地成右虚步；右手持剑，左手剑指，由身体两侧合于体前，右手手心向上，左手手心向下；目视剑尖方向。

（2）右脚向前上半步，重心移至右腿；同时，右手腕外翻，以剑前刃由下向后挑；左手剑指前穿；目视剑尖方向。

（3）左脚向前上步成左弓步；右手持剑由身体后方向前劈剑，与肩同高；左手剑指经体前架至左额上方；目视劈剑方向。

动作要点：弓步与劈剑协调一致；劈剑力达剑身。

弓步 032

传统术语：进步取膝（吴式）。

现代术语：弓步平斩。

源流：吴式六十四式太极剑。

技法：斩。

**动作过程**：身体左转，右脚向前上步成右弓步；同时，右手持剑向前下方平斩；左手剑指向左推出，随即合于右前臂内侧；目视斩剑方向。

**动作要点**：斩剑与弓步协调一致；力达剑身中部。

弓步 033

传统术语：鹞子入林（孙式）。

现代术语：弓步平刺。

源流：孙式六十二式太极剑第五十七式。

技法：刺。

**动作过程：**（1）右脚向左脚并步；同时，右手持剑架剑至额前，剑尖向右下方；左掌由左向上合于剑首；目视前方。

（2）重心移至左腿，右脚向右前方上步；同时，右手持剑落于胸前，手心向上，剑尖向右；左掌仍合于剑首，指尖向上；目视剑尖方向。

（3）身体微右转成右弓步；同时，右手持剑向弓步方向刺出；左手变剑指附于右前臂内侧；目视刺剑方向。

**动作要点：** 上步与落剑协调一致，弓步与刺剑协调一致；力达剑尖。

弓步 034

传统术语：回头望月（孙式）。

现代术语：弓步回抽。

源流：孙式六十二式太极剑第二十四式。

技法：抽。

**动作过程**：右脚向右前方上步，身体右转，重心移至右腿成右弓步；同时，右手持剑由胸前向右上方抽剑，手心向下；左手剑指向左反穿，手心向上；目视剑指方向。

**动作要点**：抽剑时左肩内扣下压，右肘尖与左手指尖对拉拔长。

弓步 035

传统术语：退步剪形（武式）。

现代术语：弓步下刺。

源流：武式十三式太极剑第二式。

技法：刺。

**动作过程**：（1）左脚向右脚后插步；右手持剑向右撩剑，手心向后；左手剑指向左推出；目视撩剑方向。

（2）右脚向右开步成左弓步；右手持剑由身体右侧向左下方刺剑，手心向外；左手剑指附于右腕处；目视刺剑方向。

**动作要点**：撤步时剑法与步法配合协调；力达剑尖。

弓步 036

传统术语：进步炮剑（武式）。

现代术语：弓步反撩。

源流：武式十三式太极剑第六式。

技法：撩。

**动作过程**：（1）左脚向前上步，重心移至左腿；同时，右手持剑由身体右侧向前撩剑；左手剑指由上向后撑架；目视撩剑方向。

（2）右脚向前上步成右弓步；同时，右手持剑经身体左侧向前反撩剑，剑尖斜向下；左手剑指附于右前臂上；目视撩剑方向。

**动作要点**：撩剑发力与弓步协调一致；力达剑身前部。

弓步 037

传统术语：进步裹砍（武式）。

现代术语：弓步劈剑。

源流：武式十三式太极剑第三式。

技法：劈。

**动作过程：**（1）左脚向前上步；右手持剑经身体左侧挂剑；左手剑指附于右臂内侧；目随剑动。

（2）右脚向前上步成右弓步；右手持剑向前劈剑，与肩同高；左手剑指经身体前方架于左额斜上方，手心斜向上；目视劈剑方向。

**动作要点：**挂剑贴身呈立圆；劈剑力达剑身。

弓步 038

传统术语：黄蜂入洞（三十二式）。

现代术语：弓步平刺。

源流：三十二式太极剑第二十九式。

技法：刺。

**动作过程：**（1）左脚撤步，重心后移，身体微向左转；同时，右手持剑随转体左带；左手剑指收于左腰间；目视带剑方向。

（2）右脚尖外展，左脚向前上步，身体右转；同时，右手持剑随转体右带，收于右腰间；左手剑指翻转落于腹前；目视前方。

（3）左脚尖外展，右脚向前上步成右弓步；同时，右手持剑向前平刺，与胸同高，手心向上；左手剑指向左、向上举于头部左上方；目视刺剑方向。

**动作要点：** 弓步与平刺、剑指上举协调一致；力达剑尖。

弓步 039

传统术语：三环套月（三十二式）。

现代术语：弓步持剑。

源流：三十二式太极剑第一式。

技法：持。

**动作过程：**（1）左脚向左开步，双脚平行，与肩同宽；同时，左手反持剑，右手剑指，双臂缓慢向前平举，高与肩平，手心向下；目视前方。

（2）重心移至右腿，左脚提起向右踝内侧收拢（脚尖不点地）；同时，右手剑指翻转下落，经腹前向右上举，手心向上；左手反持剑经面前落于右肩前，手心向下，剑平置于胸前；目视剑指方向。

（3）身体左转，左脚向前上步成左弓步；同时，左手反持剑经体前向左下搂至左胯旁，剑直立于左臂后，剑尖向上；右手剑指随转体经耳旁向前指出，指尖向上，高与眼平；目视前方。

（4）右脚向前上步，脚尖外展，双腿交叉，两膝关节前后交叠成交叉半坐姿势，身体右转；同时，双臂分别向左右两侧平展，左手反持剑经胸前由右手上方穿出，右手剑指翻转，经腰间摆至身体右侧，手心向上；目视剑指方向。

（5）左脚向前上步成左弓步，身体左转；同时，左手反持剑稍外旋，手心转向下，剑尖略下垂；右手剑指经头右侧向前落于剑把上；目视前方。

**动作要点**：重心移动平稳。

弓步 040

传统术语：弓步下截（四十二式）。

现代术语：弓步下截。

源流：四十二式太极剑第二十六式。

技法：截。

**动作过程**：（1）右脚向右前方上步成右弓步，身体略右转；同时，右手持剑向右前方截剑，手腕与胸同高，剑尖向前下方；左手剑指附于右腕处；目视截剑方向。

（2）重心移至右腿，左脚跟至右脚内侧，身体右转；同时，右手持剑外旋拨至右胯旁，手心向上，剑尖向右前下方；左手剑指附于右腕内侧，手心向下；目视剑尖。

（3）重心左移，左脚向左前方上步成左弓步，身体左转；同时，右手持剑向左截剑至身体左前方，手腕与胸同高，手心向上，剑尖向前下方；左手剑指向左前上方摆举于头前上方；目视截剑方向。

**动作要点**：整个动作柔和连贯，眼随剑走；力达剑身前部。

弓步 041

传统术语：金针指南（第三套国际竞赛套路）。

现代术语：弓步直刺。

源流：第三套国际竞赛套路太极剑第三十八式。

技法：刺。

**动作过程**：左脚向前上步成左弓步；同时，右手持剑由右腰间向前直刺，手腕与胸同高；左手剑指附于右前臂内侧；目视刺剑方向。

**动作要点**：弓步与刺剑协调一致；力达剑尖。

弓步 042

传统术语：腰斩白蛇（第三套国际竞赛套路）。

现代术语：弓步平斩。

源流：第三套国际竞赛套路太极剑第十四式。

技法：斩。

**动作过程**：右脚向右后方撤步，随即左脚尖内扣、右脚尖外摆，身体右转，重心右移成右弓步；同时，右手持剑由左斜下方向右平斩，剑身略高于手臂，手心向上；左手剑指附于右前臂上，随平斩向左分展，手腕与腰同高；目视斩剑方向。

**动作要点**：斩剑时拧腰、转胯向右平斩；力达剑身中部。

弓步043

**传统术语**：斜飞振翅（第三套国际竞赛套路）。

**现代术语**：弓步崩剑。

**源流**：第三套国际竞赛套路太极剑第十五式。

**技法**：崩。

**动作过程**：右脚向右开步，身体右转，重心前移成右弓步；同时，右手持剑先向左下摆，随即右摆崩剑发力，手腕与肩同高；左手剑指先翻转与右手背相贴，随右摆崩剑向左分展至左胯旁；目视崩剑方向。

**动作要点**：崩剑发劲与弓步协调一致；力达剑尖。

弓步 044

传统术语：迎风掸尘（第三套国际竞赛套路）。

现代术语：弓步拦剑。

源流：第三套国际竞赛套路太极剑第五式。

技法：拦。

动作过程：左脚向左前方上步成左弓步；同时，右手持剑以腕关节为轴做内腕花后向左前方划弧拦出，剑尖斜向下；左手剑指举至左额斜上方，手心斜向上；目视拦剑方向。

动作要点：右手持剑斜向前拦击；力达剑身中部。

## 1.2 马步

马步 001

传统术语：摘星换斗（陈式）。

现代术语：马步推剑。

源流：陈式四十九式太极剑第三十一式。

技法：推。

**动作过程**：右脚向右前方上步，左脚发力蹬地，身体左转，重心前移成马步；同时，右手持剑向右前方立剑平推发力，手腕与胸同高；左手剑指经胸前向左推举；目视推剑方向。

**动作要点**：马步与转腰推剑协调一致；力达剑身中部。

## 1.3 仆步

仆步 001
传统术语：燕子抄水（杨式）。
现代术语：仆步横扫。
源流：杨式六十七式太极剑第五式。
技法：扫。

**动作过程**：（1）左脚向左开步成左仆步；同时，右手持剑向右后方点剑；左手剑指落于右前臂内侧；目视点剑方向。
（2）重心移至左腿成左弓步；右手持剑经身体右侧向左下方扫剑；左手剑指经体前架于头部左上方；目视扫剑方向。
**动作要点**：扫剑时上身自然直立；力达剑身中部。

仆步 002
传统术语：仆步穿剑（四十二式）。
现代术语：仆步穿剑。
源流：四十二式太极剑第二十二式。
技法：穿。

**动作过程**：（1）左脚向左开步成右仆步；同时，右手持剑向左回抽，左手剑指附于右腕处，随仆步下蹲双手下落，右手手心向外，立剑落至右腿内侧，剑尖向右，左手剑指仍附于右腕处；目视剑尖方向。
（2）重心右移成右弓步；同时，右手持剑沿右腿内侧向前穿出，手腕与胸同高；左手剑指附于右腕内侧；目视穿剑方向。
**动作要点**：以身带臂，动作连贯圆活。

仆步 003

传统术语：叶底藏花（第三套国际竞赛套路）。

现代术语：仆步捧剑。

源流：第三套国际竞赛套路太极剑第三十七式。

技法：捧。

动作过程：身体左转，右脚撤步成左仆步；同时，右手持剑由右经体前向左横扫，左手剑指捧于右腕处，随仆步下蹲双手捧剑回抽下落；目视剑尖方向。

动作要点：仆步与捧剑协调配合。

仆步 004

**传统术语**：伏虎（陈式）。

**现代术语**：仆步持剑。

**源流**：陈式太极拳体系。

**技法**：持。

**动作过程**：（1）右脚后撤；同时，右手剑指与肩同高，由左向右、向下划弧收至右腰间；左手反持剑划弧至右前方；目视左手方向。

（2）右腿屈膝下蹲成左仆步；同时，左手反持剑沉于腹前；右手剑指上举至头右上方，指尖向上；目视仆腿方向。

**动作要点**：左手反持剑剑脊贴近前臂。

## 1.4 虚步

虚步 001
传统术语：凤凰点头（陈式）。
现代术语：虚步点剑。
源流：陈式四十九式太极剑第三十四式。
技法：点。

**动作过程**：重心移至左腿，右脚向前上步成右虚步；同时，右手持剑由下经前向上平举，与肩同高时向后下方快速点剑；左手剑指始终附于右前臂内侧；目视点剑方向。

**动作要点**：右脚上步与点剑发力协调一致；力达剑锋。

虚步 002

传统术语：钟馗仗剑（陈式）。

现代术语：虚步架剑。

源流：陈式四十九式太极剑第二十三式。

技法：架。

动作过程：（1）左脚向右盖步；同时，右手持剑向右做剪腕花；左手剑指附于右前臂内侧；目随剑转视。

（2）重心移至左腿，右脚向右后方撤半步，随即重心移至右腿，左脚后撤半步成左虚步；同时，右手持剑翻腕上架至头右上方，剑尖向左下方，手心向外；左手剑指向前推出；目视剑指推出方向。

动作要点：虚步与右手架剑、左手前推协调一致；剑指与剑尖有相合之意。

虚步003

传统术语：磨盘剑（陈式）。

现代术语：虚步抹剑。

源流：陈式四十九式太极剑第四十八式。

技法：抹。

**动作过程**：（1）右脚向右落步外摆，身体右转90°；同时，右手持剑翻转剑身后横架于胸前，剑尖向左；左手剑指附于右腕内侧；目视剑身。

（2）左脚向右脚前扣步，以脚前掌为轴，身体右转270°，随即右脚向后撤步，左脚向后收半步成左虚步；同时，右手持剑随转体由左向右平抹，在变左虚步的同时双手向左右两侧分开，置于两胯旁；目视前方。

**动作要点**：摆扣步至左虚步要一气呵成，连绵不断。

虚步 004
传统术语：闭门式（陈式）。
现代术语：虚步提剑。
源流：陈式四十九式太极剑第六式。
技法：提。

动作过程：（1）身体左转90°，右脚向右前方上步；同时，右手持剑由右经上向左撩剑，手腕与肩同高；左手剑指附于右前臂内侧；目随剑转视剑尖方向。
（2）右脚尖内扣，重心移至右腿，左脚向右收步成左虚步；同时，右手持剑下落后向右上方提抽架剑，手腕与头同高，剑尖与肩同高；左手剑指附于右前臂处；目视剑尖方向。

动作要点：撩剑与右脚上步、身体左转协调一致，提剑与虚步协调一致。

虚步 005

传统术语：盖拦式（陈式）。

现代术语：虚步顶肘。

源流：陈式四十九式太极剑第十五式。

技法：顶肘。

**动作过程**：（1）重心移至右腿，左脚向后撤步；同时，右手持剑，左手剑指，双手平举于胸前，手心向下，剑尖及指尖向前；目视前方。

（2）重心快速移至左腿成右虚步；同时，双肘由身体两侧向后方顶肘发力，手心向下，剑尖、指尖向前；目视前方。

**动作要点**：虚步与回抽顶肘协调一致；力达肘尖。

虚步 006

传统术语：小魁星式（杨式）。

现代术语：虚步撩剑。

源流：杨式六十七式太极剑第八式。

技法：撩。

**动作过程**：重心移至左腿，右脚向前上步，随即重心移至右腿，左脚向前上步成左虚步；同时，右手持剑经身体左侧向身体右上方撩剑，置于右额斜上方，剑尖斜向下；左手剑指附于右腕内侧；目视剑尖方向。

**动作要点**：撩剑贴身；力达剑身前部。

虚步 007

传统术语：天马飞报（杨式）。

现代术语：虚步点剑。

源流：杨式六十七式太极剑第三十六式。

技法：点。

动作过程：（1）左脚向前迈步，身体微左转；同时，右手持剑向右平举，与肩同高后收至头部右侧；左手剑指向左平举，手心向上，与肩同高后收至头部左侧；目随剑动。

（2）重心前移，右脚向前上步成右虚步；右手持剑由后向前点剑；左手剑指合于右腕处；目视点剑方向。

动作要点：重心过渡平稳，点剑手腕下沉；力达剑锋。

虚步 008

传统术语：乌龙摆尾（杨式）。

现代术语：虚步下截剑。

源流：杨式六十七式太极剑第二十二式。

技法：截。

动作过程：（1）左脚向前上步，身体微左转；同时，右手持剑向左上方带剑；左手剑指向左划弧至左胯旁；目视剑把。

（2）重心移至左腿，身体右转，右脚向前上步成右虚步；同时，右手持剑向右下方截剑至右胯旁，剑尖与膝同高；左手剑指架于左额斜上方；目视截剑方向。

动作要点：剑身斜向下截击，力达剑身前部。

虚步 009

传统术语：白猿献果（杨式）。

现代术语：虚步抱剑。

源流：杨式六十七式太极剑第五十一式。

技法：抱。

**动作过程**：（1）左脚尖外展，身体左转；右手持剑，左手剑指，双臂向身体左右两侧展开，手心向上；目视剑尖前方。

（2）重心移至左腿，右脚向前上步成右虚步；双臂合抱剑于身体前方，左手托右手背；目视剑尖方向。

**动作要点**：双臂由两侧向身体前方合抱。

虚步 010

传统术语：射雁式（杨式）。

现代术语：虚步抽剑。

源流：杨式六十七式太极剑第四十五式。

技法：抽。

**动作过程**：（1）身体左转；右手持剑向左前方点剑；左手剑指附于右腕内侧；目视点剑方向。

（2）重心移至右腿，左脚向前上半步成左虚步；右手持剑向身体右侧抽剑至右胯旁，剑尖向前；左手剑指向前推出，手心向前，剑指向上；目视剑指方向。

**动作要点**：动作协调，连接顺畅。

虚步 011

传统术语：指裆剑（吴式）。

现代术语：虚步反刺。

源流：吴式六十四式太极剑第九式。

技法：刺。

**动作过程：**（1）重心移至左腿，右腿提膝；同时，右手持剑由前向斜后方提抽，停于右耳旁，手心向右，剑尖斜向下；左手剑指向前下方穿出，指尖向前，手心向右；目视剑指方向。

（2）右脚落地成右虚步；同时，右手持剑向前下方反手刺出；左手剑指收于右前臂内侧；目视刺剑方向。

**动作要点：**刺剑与虚步下蹲同时完成，协调一致；力达剑尖。

虚步012

传统术语：上步遮膝（吴式）。

现代术语：虚步撩剑。

源流：吴式六十四式太极剑第四式。

技法：撩。

**动作过程**：（1）左脚向前盖步；右手持剑由前经上向左后方撩剑，手心向内，剑尖向上；左手剑指由后经上与右手相合，指尖向前，手心向外；目视剑身。

（2）右脚向前上步成右虚步；右手持剑由左下方向右反撩剑，剑尖向前下方；左手剑指附于右臂内侧；目视撩剑方向。

**动作要点**：屈膝与撩剑连接顺畅；撩剑力达剑身前部。

虚步 013

传统术语：抱月势（吴式）。

现代术语：虚步斩剑。

源流：吴式六十四式太极剑第三十六式。

技法：斩。

**动作过程**：（1）右手持剑，左手剑指，双手于体前相合，剑尖向前；目视前方。

（2）右手持剑向右平抹；左手剑指向左平伸；目视剑尖方向。

（3）重心移至左腿，右脚向前上步成右虚步；右手持剑向左、向后云剑，随即向前下方斩剑，手心向上；左手剑指附于右臂内侧，手心向下；目视斩剑方向。

**动作要点**：云剑与斩剑连接顺畅；斩剑力达剑身中部。

虚步 014

传统术语：沛公斩蛇（吴式）。

现代术语：虚步平斩。

源流：吴式六十四式太极剑第十三式。

技法：斩。

**动作过程**：重心移至左腿，右脚向前上步成右虚步；同时，右手持剑经面前云剑后向前下方平斩，手心向上；左手剑指由身体左侧合于右腕内侧，手心向下；目视斩剑方向。

**动作要点**：云剑时躯干略后仰；斩剑力达剑身中部。

虚步 015

传统术语：白鹤亮翅（孙式）。

现代术语：虚步抹剑。

源流：孙式六十二式太极剑第二式。

技法：抹。

**动作过程**：（1）并步直立；同时，左手反持剑由左向前划弧至胸前，肘关节微屈，剑尖向左，手心向下；右手剑指由右向前附于左手虎口处，指尖斜向上；目视正前方。

（2）右脚撤步，重心移至右腿，左脚尖翘起成左虚步；同时，右手接剑，左手变剑指，双手分别向身体两侧抹剑、分撑，双手与肋同高，剑尖、剑指向前，手心向下；目视正前方。

**动作要点**：接剑时手臂内劲饱满。

虚步 016
传统术语：抱剑（武式）。
现代术语：虚步带剑。
源流：武式十三式太极剑第十式。
技法：带。

**动作过程**：左脚向后撤步，重心移至左腿成右虚步；同时，右手持剑由体前向左腰间回带，剑尖斜向上；左手剑指由体前经身体左侧回收于腰后，手心向外；目视剑尖方向。
**动作要点**：带剑时右臂外旋由前向后回带；力达剑身中部。

虚步 017

传统术语：退步勾挂（武式）。

现代术语：虚步压剑。

源流：武式十三式太极剑第七式。

技法：压。

**动作过程**：（1）左脚撤步；同时，右手持剑经身体左侧挂剑；左手剑指附于右腕内侧；目视挂剑方向。

（2）右脚撤步，重心移至右腿成左虚步；同时，右手持剑向前压剑；左手剑指附于右腕内侧；目视压剑方向。

**动作要点**：挂剑时剑身呈立圆；压剑力达剑身中部。

虚步 018

传统术语：风扫梅花（三十二式）。

现代术语：虚步抹剑。

源流：三十二式太极剑第三十一式。

技法：抹。

**动作过程**：（1）右脚上步，脚尖外摆；同时，右手持剑由右向上、向左翻剑，剑身横置于胸前；左手剑指附于右腕内侧，手心向下；目视剑尖方向。

（2）身体右转，重心移至右腿，左脚向右扣步；同时，右手持剑向右平抹剑，手心向下；左手剑指保持不变；目视剑尖方向。

（3）以左脚掌为轴向右转身，右脚随转体后撤，重心后移成左虚步；同时，右手持剑在转体撤步时继续平抹，左手剑指保持不变，变虚步时，双手向身体两侧分开置于胯旁，剑尖、指尖向前，手心向下；目视前方。

**动作要点**：抹剑时剑身要平；摆、扣步重心过渡平稳，连接顺畅。

## 1.5 歇步

歇步 001

传统术语：古树盘根（陈式）。

现代术语：歇步架剑。

源流：陈式四十九式太极剑第十六式。

技法：架。

**动作过程**：以右脚脚跟、左脚脚前掌为轴向右转身成右歇步；同时，右手持剑架于额头上方，剑尖向左；左手剑指附于右前臂处，剑指向右；目视剑尖方向。

**动作要点**：架剑与歇步协调一致；力达剑身。

歇步 002

传统术语：妙手背斩（孙式）。

现代术语：歇步刺剑。

源流：孙式六十二式太极剑第二十六式。

技法：刺。

**动作过程**：（1）右脚向左前方扣步，重心移至右腿，身体左转180°，左脚抬起摆脚上步；同时，右手持剑，左手剑指，双手手心向下，由身体两侧合于腹前，剑尖斜向上；目视剑尖方向。

（2）重心移至左腿，右脚跟半步成左歇步；同时，双手持剑向斜上方刺剑，手心向上；目视刺剑方向。

**动作要点**：转身上步与抱剑协调一致；歇步下蹲与刺剑协调一致；力达剑尖。

歇步 003

传统术语：歇步崩剑（四十二式）。

现代术语：歇步崩剑。

源流：四十二式太极剑第三十五式。

技法：崩。

**动作过程**：（1）身体右转180°，右脚外展，左脚开步，脚尖着地；同时，右手持剑由下向右反撩，手腕与胸同高，剑尖向右；左手剑指由下向左摆举至与肩同高；目视剑尖方向。

（2）右脚向左脚后撤步成左歇步；同时，右手持剑沉腕崩剑，手腕与腰同高；左手剑指举于左上方，手心斜向上；目视崩剑方向。

**动作要点**：歇步与崩剑协调一致；力达剑尖。

歇步 004

传统术语：风舞落叶（第三套国际竞赛套路）。
现代术语：虚步压剑。
源流：第三套国际竞赛套路太极剑第十六式。
技法：压。

**动作过程**：（1）重心移至左腿，右脚向左脚后插步；同时，右手持剑由上向左划弧，手心向下；左手剑指向下划弧至左胯旁；目视剑尖方向。

（2）双腿屈膝下蹲成左歇步；同时，右手持剑向下压剑，低不过踝，剑尖略低于腕；左手剑指向上划弧，举至左额斜上方；目视压剑方向。

**动作要点**：歇步与压剑协调配合，势正劲整，力点准确。

## 1.6 独立步

独立步 001
传统术语：仙人指路（陈式）。
现代术语：独立刺剑。
源流：陈式四十九式太极剑第三式、第十四式、第三十三式。
技法：刺。

---

**动作过程**：（1）重心移至右腿；同时，右手持剑收于胸前，剑尖向右下方，手心向上；左手剑指附于右腕处；目视剑尖方向。

（2）右腿膝关节伸直发力，左腿屈膝提起成右独立步；同时，右手持剑向右下方刺出；左手剑指向左上方外撑；目视刺剑方向。

**动作要点**：提膝高于水平；下刺发力与提膝独立协调一致；力达剑尖。

独立步 002

**传统术语**：朝阳剑（陈式）。

**现代术语**：独立架剑。

**源流**：陈式四十九式太极剑第二式。

**技法**：架。

**动作过程**：（1）双脚分开与肩同宽，屈膝下蹲；同时，左手反持剑，右手剑指，双手于腹前相合，右手剑指附于左手背上，剑尖向左，手心均向下；目视双手。

（2）重心移至右腿，左腿屈膝提起成右独立步；同时，右手接剑向头上方平架剑；左手变剑指向左上方外撑，手心向前，指尖向上；目视前方。

**动作要点**：提膝高于水平；力达剑身。

独立步 003

传统术语：金鸡独立（陈式）。

现代术语：独立架剑。

源流：陈式四十九式太极剑第十三式。

技法：架。

**动作过程**：（1）右手持剑向右、向下划弧后收于腹前，剑尖向右，手心向内；左手剑指附于右腕处；目视剑身。
（2）重心移至左腿，右腿屈膝提起成左独立步；同时，右手持剑沿身体中线向上架剑，与头同高，剑尖向右；左手剑指附于右腕内侧，指尖向右；目视剑尖方向。

**动作要点**：提膝高于水平；力达剑身。

独立步 004

传统术语：鹰熊斗智（陈式）。

现代术语：独立提剑。

源流：陈式四十九式太极剑第二十九式。

技法：提。

**动作过程：**（1）身体左转，重心移至左腿；右手持剑向左上方撩剑；左手剑指附于右前臂处；目视撩剑方向。

（2）身体右转，重心移至右腿，左腿屈膝提起成右独立步；右手持剑由左膝外侧向右上方提剑至右肩上方，剑尖斜向下；左手剑指始终附于右前臂处；目视剑尖方向。

**动作要点：**提膝高于水平；力达剑首。

独立步 005

传统术语：海底捞月（陈式）。

现代术语：独立挑剑。

源流：陈式四十九式太极剑第三十二式。

技法：挑。

**动作过程：**（1）右脚向前上步成右弓步；右手持剑由右向左下方反手拦剑；左手剑指提至头上方；目视前下方。

（2）重心移至左腿，右腿屈膝提起成左独立步；右手持剑以剑尖和前刃挑至与头同高；左手剑指贴于右腕内侧；目视挑剑方向。

**动作要点：** 提膝高于水平；力达剑身前部。

独立步 006

传统术语：宿鸟投林（杨式）。

现代术语：独立上刺。

源流：杨式六十七式太极剑第二十一式。

技法：刺。

**动作过程**：右脚向前上步，重心移至右腿，左腿屈膝提起成右独立步；同时，右手持剑向右斜上方刺出；左手剑指附于右前臂内侧；目视刺剑方向。

**动作要点**：提膝高于水平；力达剑尖。

独立步 007

传统术语：魁星式（杨式）。

现代术语：独立反刺。

源流：杨式六十七式太极剑第四式。

技法：刺。

**动作过程**：（1）重心移至右腿，左脚向右脚并步；同时，右手持剑在身体右侧沉腕立剑，剑尖向上；左手剑指附于前臂内侧；目视剑身。

（2）左腿屈膝提起成右独立步；同时，右手持剑上举至头顶后向左斜下方刺出；左手剑指向左平推；目视剑指方向。

**动作要点**：提膝高于水平；力达剑尖。

独立步 008

**传统术语**：挑帘式（杨式）。

**现代术语**：独立托剑。

**源流**：杨式六十七式太极剑第三十七式。

**技法**：托。

**动作过程**：右脚向右前方上步，左腿屈膝提起成右独立步；同时，右手持剑由身体左下方向上托剑至右额斜上方，剑尖向左前方；左手剑指附于右前臂内侧；目视剑尖方向。

**动作要点**：提膝高于水平；力达剑身。

独立步 009

传统术语：虎抱头（杨式）。

现代术语：独立捧剑。

源流：杨式六十七式太极剑第二十七式。

技法：捧。

**动作过程**：左脚上步，重心移至左腿，随即右腿屈膝提起成左独立步；同时，右手持剑，左手剑指，双手由身体两侧合捧剑至身体前方，剑尖斜向上；目视前方。

**动作要点**：提膝高于水平；双手捧抱剑柄。

独立步 010

传统术语：倒挂金铃（吴式）。

现代术语：独立撩剑。

源流：吴式六十四式太极剑第八式。

技法：撩。

**动作过程**：（1）重心移至右腿，左脚收于右脚内侧，双腿屈膝下蹲；同时，右手持剑以剑身后部下压于左小腿外侧；目视剑身。

（2）重心移至左腿，右腿屈膝提起成左独立步；右手持剑反腕向上提撩，剑尖斜向下，手心向外；左手剑指随剑至腹前后向前指出；目视剑指方向。

**动作要点**：提膝高于水平；力达剑身前部。

独立步 011

传统术语：翻身提斗（吴式）。

现代术语：独立撩剑。

源流：吴式六十四式太极剑第十四式。

技法：撩。

**动作过程：**（1）右脚向右前方上步，身体右转；同时，右手持剑向左立剑穿剑；左手剑指向右平举；目视剑尖方向。

（2）左脚收于右脚内侧，双腿屈膝半蹲；同时，右手持剑向上划弧后下压至左膝外侧；左手剑指附于右腕内侧；目视压剑方向。

（3）重心移至左腿，右腿屈膝提起成左独立步；右手持剑向上提撩，手心向外；左手剑指向前下方指出，手心向上；目视剑指方向。

**动作要点：**提膝高于水平；力达剑身前部。

独立步 012

传统术语：肘底提剑（吴式）。

现代术语：独立提剑。

源流：吴式六十四式太极剑第三十八式。

技法：提。

**动作过程**：（1）重心移至左腿，右脚向左脚后撤步下蹲成左歇步；同时，右手持剑向下平压至左脚尖前方；左手剑指架于左额上方，手心向上；目视剑尖方向。

（2）重心移至右腿，左腿屈膝提起成右独立步；同时，右手持剑向右上方提剑，手心向外，剑尖斜向下；左手剑指落于左膝内侧，手心向上；目视剑指方向。

**动作要点**：提膝高于水平；力达剑首。

独立步 013

传统术语：转身劈头剑（武式）。

现代术语：独立劈剑。

源流：武式十三式太极剑传统套路第五式。

技法：劈。

**动作过程**：左脚向左前方上步，重心移至左腿，右脚向左脚前上步，脚尖内扣，随即重心移至右腿，左腿屈膝提起成右独立步；同时，右手持剑由右向左上方撩剑，与头同高时向后转身劈剑，剑尖斜向上，剑把与腹部同高；左手剑指架于左额斜上方，手心斜向上；目视劈剑方向。

**动作要点**：提膝高于水平；劈剑与提膝协调一致；力达剑身。

独立步 014

传统术语：藏身剑（武式）。

现代术语：独立拦剑。

源流：武式十三式太极剑传统套路第八式。

技法：拦。

**动作过程**：重心移至右腿，左腿屈膝提起成右独立步；同时，右手持剑向上拦剑，剑把略高于头，剑尖斜向下；左手剑指附于右腕处；目视前方。

**动作要点**：提膝高于水平；力达剑身中部。

独立步 015

传统术语：探海式（三十二式）。

现代术语：独立抢劈。

源流：三十二式太极剑第六式。

技法：劈。

**动作过程：**（1）重心移至左腿，右脚收于左脚内侧；右手持剑由前向下、向后划弧，立剑斜置于左下方；左手剑指附于右前臂上；目视剑尖方向。

（2）右脚向前上步，脚跟着地；右手持剑上举，剑尖向左，手心向外；左手剑指收于腰间；目视左下方。

（3）重心移至右腿，左腿屈膝提起成右独立步；同时，身体稍前倾，右手持剑向前下方劈剑，右臂与剑呈一条斜线；左手剑指向后、向上划弧举至左上方，手心斜向上；目视劈剑方向。

**动作要点：**提膝高于水平；力达剑身。

独立步 016

**传统术语**：提膝点剑（四十二式）。
**现代术语**：提膝点剑。
**源流**：四十二式太极剑第二十四式。
**技法**：点。

**动作过程**：左腿屈膝提起成右独立步；同时，右手持剑向右下方点
　　　　　　剑，手腕与胸同高；左手剑指附于右前臂内侧，手心向
　　　　　　下；目视点剑方向。
**动作要点**：提膝高于水平；力达剑锋。

独立步 017

传统术语：后举腿架剑（四十二式）。

现代术语：后举腿架剑。

源流：四十二式太极剑第三十式。

技法：架。

**动作过程**：（1）左脚向前上步，屈膝半蹲；同时，右手持剑向左挂剑，腕与腰同高，剑尖向左；左手剑指附于右前臂上，手心向下；目视左下方。

（2）左腿直立，右腿屈膝后举，脚面绷直与臀同高；同时，右手持剑上架，剑尖向左；左手剑指经面前向左摆举，臂微屈，指尖向上；目视剑指方向。

**动作要点**：身体微前倾；力达剑身。

独立步 018

传统术语：力劈华山（第三套国际竞赛套路）。

现代术语：独立劈剑。

源流：第三套国际竞赛套路太极剑第四式。

技法：劈。

**动作过程**：（1）左腿屈膝，重心后移，身体微向右转，右脚尖翘起外摆；同时，右手持剑向右划弧，手腕与胸同高；左手剑指向前、向右划弧摆至右肩前；目随视剑尖方向。

（2）重心前移，右腿直立，左腿屈膝提起成右独立步；同时，右手持剑继续向后划弧至右后方再经头顶向前劈出，手腕与肩同高；左手剑指经下向左划弧摆举至左侧，手腕与肩同高；目视劈剑方向。

**动作要点**：提膝高于水平；右手持剑立剑由上向下劈击，力达剑身。

## 1.7 偏马步

偏马步 001
传统术语：斜行（陈式）。
现代术语：偏马步持剑。
源流：陈式太极拳体系。
技法：持。

**动作过程**：（1）右腿屈膝下蹲，左脚向左迈步；同时，左手反持剑向前平推，手心向外；右手剑指下按至右膝关节外侧；目视迈步方向。

（2）重心向左移动；同时，左手持剑向下划弧至左膝前；右手剑指向上托举，与肩同高时随重心移动向左推按；目视左腿方向。

（3）身体继续左转；左手持剑上提至与肩同高；右手剑指向左平推；目视剑指方向。

（4）身体右转成偏马步；左手持剑不动；右手剑指向右掤撑，沉腕立指；目视剑指方向。

**动作要点**：立身中正，舒展大方，周身放松，气沉丹田。

偏马步 002

传统术语：懒扎衣（陈式）。

现代术语：偏马步持剑。

源流：陈式太极拳体系。

技法：持。

**动作过程**：（1）左腿屈膝下蹲，右脚向右擦步；左手反持剑置于胸前；右手剑指附于左腕处；目视擦步方向。
（2）重心右移成偏马步；右手剑指平开至右膝上方，指尖高与眼平，沉腕立指；左手持剑收至左腰间；目随右手转视右前方。

**动作要点**：身手协调，松腰敛臀。

## 1.8 平行步

平行步 001
传统术语：太极剑初势（陈式）。
现代术语：起势。
源流：陈式四十九式太极剑第一式。
技法：持。

**动作过程：**（1）双脚并立，随即左脚向左横开半步，双腿微屈；左手反持剑垂于身体左侧，剑尖向上，手心向后，剑脊贴前臂内侧；右手剑指垂于身体右侧；目视前方。

（2）双臂缓慢由身体两侧向前上抬至与肩平，剑尖向后；目视前方。

（3）双腿缓慢下蹲；同时，双手分别下沉至小腹两侧，剑尖向后上方，剑指向前；目视前方。

（4）身体微左转，重心略偏右腿；双臂划弧缓慢向左前上方掤出，左手反持剑，剑尖向后，手心向下，右手剑指向前，手心向上；目视左前方。

（5）右脚尖外摆，向右转体，重心移至左腿；双臂随身体右转在体前划弧；目视前方。

（6）重心移至右腿，左腿屈膝提起；双手保持不变；目视前方。

（7）左脚向前迈步，右腿屈膝下蹲，身体微向右转；同时，双手上掤；目视前方。

（8）重心移至左腿，向左转体，右脚向前上步，脚前掌着地；同时，右手剑指前撩，与胸同高，剑指向前，手心向上；左手反持剑掤起至胸前，贴于右剑指上，剑尖向左；目视前方。

（9）右脚向右横开步，身体稍右转；同时，右手剑指向右下方逆缠至右腿外，剑指向前，手心向下；左手反持剑向左摆，剑尖向后；目随转体平视前方。

（10）重心移至右腿，向左转体，左脚向后撤步，脚前掌着地；同时，右手剑指由右侧经右耳下向前推出，与肩同高，剑指向上；左手反持剑摆于身体左后方，剑尖向上；目视剑指方向。

**动作要点**：立身中正，舒展大方，周身放松，气沉丹田。

平行步 002

传统术语：太极剑还原（陈式）。

现代术语：收势。

源流：陈式四十九式太极剑第四十九式。

技法：持。

**动作过程**：（1）并步站立，双膝微屈，身体微左转；右手持剑向左上方环绕，使剑反持于左手，右手附于剑柄处；目视双手。

（2）右手变剑指分至右腿外侧，剑指向下，手心向前；左手反持剑落于左腿外侧；目视前方。

（3）双手同时向左右两侧逆缠，向内合于双肩前上方，手心均向下，剑平贴左前臂内侧；目视前方。

（4）身体直立，双腿并立；双手同时下按，右手下落贴于右腿外侧，剑指向下，左手反持剑贴于左腿外侧；目视前方。

**动作要点**：立身中正，舒展大方，周身放松，气沉丹田。

平行步 003
传统术语：起势（第三套国际竞赛套路）。
现代名称：起势。
源流：第三套国际竞赛套路太极剑第一式。
技法：持。

**动作过程**：（1）身体直立，双脚并拢；左手反持剑，右手剑指轻贴右大腿外侧；目视前方。
（2）左脚向左开步，与肩同宽；双手慢慢向前平举，与肩同高，手心向下；目视前方。
（3）双腿屈膝半蹲；双手下按于腹前；目视前方。
**动作要点**：立身中正，舒展大方，周身放松，气沉丹田。

平行步 004

传统术语：收势（第三套国际竞赛套路）。

现代术语：收势。

源流：第三套国际竞赛套路太极剑第三十九式。

技法：持。

**动作过程**：（1）双脚分开与肩同宽，屈膝半蹲；左手反持剑置于左胯旁；右手剑指由右划弧至正前方，与肩同高，手心向下；目视前方。

（2）双腿直立；同时，右手剑指下按至右胯旁；左手不变；目视前方。

（3）左脚收至右脚旁，双脚并拢，身体直立；目视前方。

**动作要点**：立身中正，舒展大方，周身放松，气沉丹田。

## 1.9 丁步

丁步 001

传统术语：丁步点剑（四十二式）。

现代术语：丁步点剑。

源流：四十二式太极剑第三十一式。

技法：点。

**动作过程**：（1）右脚向右前方上步，脚跟着地；同时，右手持剑向右摆举，剑尖向上；左手剑指合向右腕；目视右手方向。

（2）重心右移，左脚跟步，脚尖点地成左丁步；同时，右手持剑向右点击，手腕与胸同高；左手剑指附于右腕内侧；目视点剑方向。

**动作要点**：丁步与点剑要协调一致；力达剑锋。

丁步 002

**传统术语**：丁步托剑（四十二式）。
**现代名称**：丁步托剑。
**源流**：四十二式太极剑第二十式。
**技法**：托。

---

**动作过程**：右脚向前上步，重心移至右腿，左脚跟步，脚尖点地成左丁步；同时，右手持剑向前、向上托剑，剑尖向右；左手剑指附于右腕内侧，手心向前；目视右手方向。

**动作要点**：丁步与托剑要协调一致；力达剑身中部。

丁步 003

传统术语：怀中抱月（三十二式）。

现代术语：丁步回抽。

源流：三十二式太极剑第三十式。

技法：抽。

**动作过程**：重心后移，右脚收至左脚内侧，脚尖点地成右丁步；同时，右手持剑回抽，置于左腹旁，剑尖斜向上，手心向内；左手剑指附于剑把上；目视剑尖方向。

**动作要点**：力达剑首。

## 1.10 并步

并步 001
传统术语：白蛇吐芯（陈式）。
现代术语：并步刺剑。
源流：陈式四十九式太极剑第二十七式。
技法：刺。

---

**动作过程**：左脚上步，重心前移，右脚跟步成并步；同时，双手持剑向前平剑刺出，与胸同高；目视剑尖方向。
**动作要点**：并步与刺剑协调一致；力达剑尖。

并步 002

传统术语：海底擒鳖（吴式）。

现代术语：并步压剑。

源流：吴式六十四式太极剑第二十九式。

技法：压。

**动作过程**：（1）右脚向右前方上步，重心移至右腿，身体右转；同时，右手持剑向后穿剑；左手剑指向身体左侧平推；目视穿剑方向。

（2）向右转体90°，左脚扣步落于右脚旁成并步；同时，右手持剑经身体左侧下压至左膝外侧；左手剑指附于右腕内侧；目视压剑方向。

**动作要点**：右手持剑由上向下压剑；力达剑身。

并步 003

传统术语：蜻蜓点水（第三套国际竞赛套路）。
现代名称：并步点剑。
源流：第三套国际竞赛套路太极剑第二式。
技法：点。

**动作过程**：（1）左脚向左前方上步，重心前移成左弓步；同时，左手反持剑，右手剑指，双手经腹前向前划弧于体前相合，左手在外，剑身贴靠左前臂，右手虎口对剑柄准备接剑；目视弓步方向。

（2）重心前移，右脚落于左脚旁成并步；同时，右手接握剑柄，以腕关节为轴使剑尖由左后方经上向前划弧，剑尖与胸同高时提腕向前下方点剑；左手变剑指附于右前臂内侧；目视点剑方向。

**动作要点**：并步与点剑协调一致；力达剑锋。

# 2 步法

## 2.1 进步

进步 001
传统术语：左右车轮（杨式）。
现代术语：进步挂剑。
源流：杨式六十七式太极剑第三十八式、第三十九式。
技法：挂。

---

**动作过程**：（1）左脚向前上步，重心前移；同时，右手持剑向左下方划弧挂剑；左手剑指附于右前臂内侧；目视挂剑方向。
（2）重心前移，右脚上步，脚尖外展；同时，右手持剑经身体左侧向上、向前划弧挂剑；左手剑指附于右前臂内侧；目视挂剑方向。
（3）重心移至右腿；同时，右手持剑向右划弧挂剑；左手剑指附于右前臂内侧；目视挂剑方向。

**动作要点**：挂剑贴身立圆；力达剑身前部。

进步 002

传统术语：乌龙搅水（第三套国际竞赛套路）。
现代术语：进步绞剑。
源流：第三套国际竞赛套路太极剑第十七式。
技法：绞。

动作过程：（1）右脚向前上步，重心移至右腿；同时，右手持剑绞剑；左手剑指向下、向左落至左胯旁；目视剑尖方向。
（2）左脚向前上步，重心移至左腿；同时，右手持剑再次绞剑；左手剑指划弧侧举，手腕与肩同高；目视剑尖方向。
（3）右脚再向前上步成右弓步；同时，右手持剑继续绞剑并向前抹剑；左手剑指附于右前臂内侧；目视剑尖方向。

动作要点：绞剑时剑尖沿逆时针方向立圆绕环；力达剑身前部。

## 2.2 退步

退步 001

传统术语：倒卷肱（陈式）。

现代术语：退步撩剑。

源流：陈式四十九式太极剑第十九式。

技法：撩。

**动作过程：**（1）重心移至左腿，右脚向后退步；同时，右手持剑由身体左侧向右上方撩剑；左手剑指附于右前臂内侧；目视前方。

（2）重心移至右腿，左脚向后退步成半马步；右手持剑向左上方撩剑，手腕与头同高，剑尖向前；左手剑指始终附于右前臂内侧；目随剑转视前方。

**动作要点：**撩剑与撤步协调一致；力达剑身前部。

退步 002

传统术语：盖拦穿心（第三套国际竞赛套路）。

现代术语：退步回抽。

源流：第三套国际竞赛套路太极剑第八式。

技法：抽。

**动作过程：**左脚后撤，随即右脚向后退步，震脚踏地；同时，右手持剑回抽顶肘发力，手腕与胸同高；左手剑指附于右腕处；目视剑尖方向。

**动作要点：**退步踏震与回抽顶肘发力协调一致；力达肘尖。

## 2.3 上步

上步 001
传统术语：护膝剑（陈式）。
现代术语：上步撩剑。
源流：陈式四十九式太极剑第五式。
技法：撩。

---

**动作过程**：（1）身体左转，右脚向前上步；右手持剑向左前上方撩剑；左手剑指附于右腕内侧；目视剑尖方向。
（2）右脚尖外摆，重心移至右腿，左脚向前上步；同时，右手持剑随左脚上步向右前上方撩剑，置于头右上方，手心向外；左手剑指附于右腕内侧；目视上步方向。
（3）左脚尖外摆，重心移至左腿，右脚向前上步；同时，右手持剑随右脚上步向左前上方撩剑，剑尖向前；目视撩剑方向。

**动作要点**：撩剑与上步同时完成，上下相随，协调一致；力达剑身前部。

上步 002

传统术语：拨草寻蛇（陈式）。

现代术语：上步撩扫。

源流：陈式四十九式太极剑第十二式。

技法：撩、扫。

**动作过程**：（1）身体右转180°，重心移至右腿，左脚向前上步；同时，右手持剑向前划弧撩剑；左手剑指附于右前臂内侧；目视上步方向。

（2）身体左转180°，重心移至左腿，右脚向前扫腿；同时，右手持剑不停向后、向下撩剑至与腰同高时向前平扫，置于左膝斜上方；目随剑转视右前下方。

**动作要点**：左脚上步与撩剑协调一致，右脚扫腿与扫剑协调一致；力达剑身前部。

## 2.4 行步

行步 001
传统术语：行步穿剑（四十二式）。
现代术语：行步穿剑。
源流：四十二式太极剑第三十九式。
技法：穿。

**动作过程**：（1）左脚向前摆脚上步；同时，右手持剑向左穿剑，手心向上；左手剑指在胸前掤圆，手心斜向外；目视穿剑方向。
（2）重心移至左腿，身体右转，右脚向右前方摆脚上步；同时，右手持剑由左向右反穿；左手剑指外撑，与肩同高，手心向外；目视穿剑方向。
（3）重心移至右腿，身体继续右转，左脚扣脚上步；左手保持不变；右手持剑继续向右后方穿剑；目视穿剑方向。
（4）重复（2）（3）使行步穿剑环绕360°。

**动作要点**：行步共五步，环转360°；力达剑尖。

## 2.5 盖步

盖步001

传统术语：乌龙摆尾（陈式）。

现代术语：盖步斩剑。

源流：陈式四十九式太极剑第二十二式。

技法：斩。

**动作过程：**（1）重心移至右腿，左脚抬起向左前方盖步震脚；同时，双手持剑向右下方划弧，随后上提至右肩前，剑尖斜向下，随盖步震脚向左下方发力斩剑，手腕与胯同高，剑尖向右前方；目视斩剑方向。

（2）重心移至左腿，右脚抬起向右前方盖步震脚；双手持剑向左下方划弧，随后上提至左肩前，剑尖斜向下，随盖步震脚向右下方发力斩剑，手腕与胯同高，剑尖向左前方；目视斩剑方向。

**动作要点：**震脚与斩剑协调一致；力达剑身中部。

## 2.6 跳踏步

跳踏步 001
传统术语：双震惊雷（第三套国际竞赛套路）。
现代术语：震脚下压。
源流：第三套国际竞赛套路太极剑第三十二式。
技法：压。

**动作过程：**（1）左脚后撤，重心后移，右脚脚前掌着地成右虚步；同时，右手持剑，左手剑指，双手向身体两侧分展，随即合于腹前，剑尖向前，手心向上；目视剑尖方向。
（2）右腿屈膝上提，左脚蹬地跳起，左脚、右脚依次下落震踏；同时，双手上托于胸前，剑尖向前，手心向上，随下落右手持剑立剑下压发力，手腕与腹同高，左手剑指落于腹前，手心向下；目视压剑方向。

**动作要点：**起跳与上托协调一致，震脚与下压协调一致；力达剑身。

跳踏步 002

传统术语：翻花舞袖（陈式）。

现代术语：跃起劈剑。

源流：陈式太极拳体系。

技法：劈。

**动作过程：**（1）重心移至左腿，右腿屈膝上提，左脚蹬地跳起，身体右转180°；同时，双手持剑向上提至左肩上方，剑尖斜向下；目视前方。

（2）右脚、左脚依次下落震踏，左脚在前，右脚在后；同时，双手持剑由上向下发力劈剑，手腕与胯同高，剑尖向前；目视劈剑方向。

**动作要点：**踏地与劈剑协调一致；力达剑身。

## 2.7 转身

转身 001
传统术语：青龙摆尾（陈式）。
现代术语：转身撩剑。
源流：陈式太极剑第十八式。
技法：撩。

**动作过程**：（1）重心移至左腿，右脚向后撤步成左弓步；同时，右手持剑向左预摆；左手剑指附于右前臂内侧；目视剑尖方向。

（2）重心后移，身体右转180°成右弓步；同时，右手持剑随重心移动向后转身撩击；左手剑指附于右前臂内侧；目视撩剑方向。

（3）重心后移至左腿；右手持剑随撩击惯性继续向右后方立圆划弧；左手剑指附于右前臂内侧；目视撩击方向。

（4）身体左转成半马步；同时，右手持剑随惯性向前撩击，置于右肩上方；左手剑指附于右前臂内侧；目视撩击方向。

**动作要点**：利用重心移动的惯性使剑在身体两侧撩击；力达剑身前部。

# 3 腿法

## 3.1 直摆

直摆 001
传统术语：云剑摆莲（四十二式）。
现代术语：摆莲腿云剑。
源流：四十二式太极剑体系。
技法：云。

---

**动作过程**：（1）重心移至左腿，右腿由左向右外摆踢腿；同时，右手持剑在头顶上方云剑；左手剑指附于右腕内侧；目随剑而视。

（2）右腿摆腿后提膝成左独立步；右手持剑落于右膝上方，剑尖斜向上，手心向下；左手剑指始终附于右腕内侧；目随剑摆动。

**动作要点**：摆莲腿膝关节伸直，脚尖过肩。

## 3.2 屈伸

屈伸 001
传统术语：反手势（吴式）。
现代术语：蹬脚劈剑。
源流：吴式六十四式太极剑第三十一式。
技法：劈。

**动作过程：**（1）重心移至左腿，右腿屈膝提起成左独立步；同时，右手持剑向右后方反手抽剑，手腕与头同高，剑尖斜向下；左手剑指与剑身平行向斜下方穿指；目视剑指方向。（2）身体后仰，右脚前蹬；同时，右手持剑向右后方劈剑，手腕与肩同高；左手剑指上摆，指尖向上；目视劈剑方向。

**动作要点：**前蹬腿膝关节伸直；劈剑力达剑身。

屈伸 002

传统术语：蹬脚前刺（四十二式）。

现代术语：蹬脚前刺。

源流：四十二式太极剑第九式。

技法：刺。

**动作过程**：左腿独立，右腿屈膝提起向前蹬出；同时，双手捧剑稍回引后随蹬脚向前平刺；目视剑尖方向。

**动作要点**：蹬脚高于水平；力达剑尖。

屈伸 003

传统术语：分脚后点（四十二式）。

现代术语：分脚后点。

源流：四十二式太极剑第二十一式。

技法：点。

**动作过程**：重心移至左腿，右腿屈膝提起向前分脚；同时，右手持剑向身体右后45°点剑，手腕与肩同高，剑尖斜向下；左手剑指架于左额斜上方，手心斜向上；目视点剑方向。

**动作要点**：分脚脚尖绷直；点剑力达剑锋。

屈伸 004

传统术语：箭似离弦（第三套国际竞赛套路）。

现代术语：侧蹬下截。

源流：第三套国际竞赛套路太极剑第三十三式。

技法：截。

动作过程：重心移至左腿，右腿屈膝回收，随即向右下方蹬踹；同时，右手持剑向右下方截击发力；左肘后顶，左手剑指收于左肩前方；目视截剑方向。

动作要点：侧踹蹬腿与截剑、顶肘协调一致；力达脚跟。

屈伸 005

传统术语：白云盖顶（第三套国际竞赛套路）。

现代术语：蹬脚架剑。

源流：第三套国际竞赛套路太极剑第二十四式。

技法：架。

**动作过程**：（1）重心移至右腿，左腿屈膝提起成右独立步；同时，右手持剑架于右额上方，手心向外；左手剑指附于右臂内侧；目视前方。

（2）左脚向前蹬出；右手保持架剑姿势不变；左手剑指向前推出，手腕与肩同高，手心向外；目视蹬脚方向。

**动作要点**：蹬脚腿膝关节伸直，脚尖高于肩；架剑力达剑身。

## 3.3 其他

其他 001

传统术语：雀地龙（陈式）。

现代术语：跌叉。

源流：陈式太极拳体系。

技法：架。

**动作过程**：左脚向前蹬脚跌叉；同时，右手持剑架于右额斜上方，剑尖向前；左手剑指向前推出，手心向前，指尖向上；目视剑指方向。

**动作要点**：跌叉与架剑协调一致；力达剑身。

# 4 平衡

*屈蹲 001*
现代术语：前举腿低势平衡。
源流：太极拳难度动作体系。
技法：单腿屈蹲。

**动作过程**：一腿支撑，另一腿向身体正前方蹬脚，支撑腿屈膝下蹲；同时，右手持剑向身体前方刺剑；左手剑指附于右前臂处；目视刺剑方向。

**动作要点**：支撑腿大腿低于水平，平衡腿高于水平；左右腿均可选做。

屈蹲 002
现代术语：前蹚踩脚低势平衡。
源流：太极拳难度动作体系。
技法：单腿屈蹲。

---

**动作过程**：一腿支撑，另一腿前踩侧蹚，支撑腿屈膝下蹲；同时，右手持剑向身体前方刺剑；左手剑指附于右前臂内侧；目视刺剑方向。

**动作要点**：支撑腿大腿低于水平，平衡腿高于水平；左右腿均可选做。

屈蹲 003
现代术语：后插腿低势平衡。
源流：太极拳难度动作体系。
技法：单腿屈蹲。

**动作过程**：（1）一腿支撑，另一腿经支撑腿后向前插腿，支撑腿屈膝下蹲；同时，右手持剑向左下方刺剑；左手剑指附于右前臂上；目视刺剑方向。

（2）右手持剑向右斜上方削剑；左手剑指按于左斜下方；目视剑指方向。

**动作要点**：支撑腿大腿低于水平，插出腿脚不可触地；手不可扶按支撑腿；左右腿均可选做，左腿插腿时左手持剑。

# 5 跳跃

## 5.1 直体

直体 001

传统术语：二起脚。
现代术语：腾空飞脚。
源流：武术基本功技术动作体系。
技法：踢。

**动作过程**：右脚向前上步，蹬地跳起腾空，随即右脚向上弹踢；左手反持剑；右手迎击右脚面；目视前方。
**动作要点**：击响腿伸直，脚尖过肩，击拍响亮、准确。

直体 002
现代术语：腾空正踢腿。
源流：武术基本功技术动作体系。
技法：踢。

**动作过程**：右脚向前上步，蹬地跳起腾空，随即右脚向上摆踢，脚尖触及前额；左手或右手持剑均可；目视前方。
**动作要点**：左腿始终保持膝关节伸直。

## 5.2 垂转

垂转 001
现代术语：旋风脚。
源流：武术基本功技术动作体系。
技法：里合踢。

---

**动作过程**：双脚蹬地跳起腾空，身体绕垂直轴沿逆时针方向旋转，右脚里合上踢；同时，左手迎击右脚脚底；右手持剑上刺。

**动作要点**：击响脚脚尖过肩，击拍响亮；刺剑清晰。

垂转 002

现代术语：腾空摆莲。

源流：武术基本功技术动作体系。

技法：外摆踢。

**动作过程**：双脚蹬地跳起腾空，身体绕垂直轴沿顺时针方向旋转，右脚外摆上踢；同时，左手迎击右脚脚面；右手持剑在头顶云剑。

**动作要点**：击响腿脚尖过肩，击拍响亮；云剑清晰。